Käthe Recheis

Kleiner Bruder Watomi

Die Autorin:

Käthe Recheis ging in Linz zur Schule und arbeitete nach dem Abitur als Verlagssekretärin. Ihre spätere Tätigkeit bei einer internationalen Auswanderungsbehörde bot ihr viele Reisemöglichkeiten. In den USA und Kanada vertiefte sie ihre völkerkundlichen Studien mit Forschungen über das Leben der Indianer. So handeln viele Bücher von Indianern und ihrer Lebensweise.
Käthe Recheis erhielt mehrfach den Österreichischen Staatspreis und den Jugendbuchpreis der Stadt Wien, und viele ihrer Bücher standen in der Auswahlliste zum Deutschen Jugendliteraturpreis. Titel der Autorin: ›Der Weiße Wolf‹, ›Pablito‹, ›Geh heim und vergiß alles‹ und ›Lena. Unser Dorf und der Krieg‹.
Bücher von Käthe Recheis bei dtv junior: siehe Seite 4

Die Illustratorin:

Monika Laimgruber wurde 1946 in Klagenfurt, Österreich, geboren. 1956 zog sie mit ihren Eltern nach Hamburg und besuchte dort die Schule. Auch ihre künstlerische Ausbildung erhielt sie an der dortigen Staatlichen Hochschule für Bildende Künste. Heute lebt sie als freischaffende Illustratorin in Salzburg. Neben vielen anderen Illustrationen hat Monika Laimgruber die Bilder zu ›Der kleine Muck‹, ›Des Kaisers neue Kleider‹ und ›Meine allerliebsten Bäume‹ geschaffen.

Käthe Recheis

Kleiner Bruder Watomi

Mit Bildern von Monika Laimgruber

Deutscher
Taschenbuch
Verlag

dtv

Zu diesem Band gibt es ein Unterrichtsmodell, enthalten in LESEN IN DER SCHULE (Primarstufe), unter der Bestellnummer 8103 durch den Buchhandel zu beziehen.

Von Käthe Recheis sind außerdem bei dtv junior lieferbar:
6 Eulen und 6 Mäuse (dtv junior Lesebär, große Druckschrift), Band 75033
König Arthur und die Ritter der Tafelrunde, Band 7361
Die Uhr schlägt Mitternacht, Band 7424
Schlag zwölf beginnt die Geisterstunde, Band 7467
Der Weiße Wolf, Band 70298
Kleiner Adler und Siebenstern, Band 70300
Kleine Maisblüte, Band 70360
Lena. Unser Dorf und der Krieg, Band 78035

Ungekürzter Text, für die Taschenbuchausgabe neu illustriert
August 1988
6. Auflage August 1995
Deutscher Taschenbuch Verlag GmbH & Co. KG, München

ISBN 3-210-24464-2
Umschlaggestaltung: Klaus Meyer, Simone Fischer
Umschlagbild: Monika Laimgruber
Gesetzt aus der Garamond 17/20˙
Gesamtherstellung: Kösel, Kempten
Printed in Germany · ISBN 3-423-07588-0

Watomi und Matoya waren Brüder.
Matoya war der große Bruder.
Watomi war der kleine Bruder.

Matoya brachte Watomi bei, wie
man mit Pfeil und Bogen schießt.
Er lehrte ihn schwimmen und tauchen.

Er kletterte mit ihm
auf die höchsten Bäume.
Er lief mit ihm um die Wette und
ließ ihn auf seinem Pferd reiten.

Das war weiß,
hatte einen schwarzen
Fleck auf der Stirn
und hieß Schwarzfleck.

Es war schön, einen
großen Bruder zu haben.
Meistens.
Aber nicht immer.
Manchmal war es nicht schön.
Der große Bruder
konnte alles besser.
Er konnte schneller laufen
und schneller schwimmen
und tiefer tauchen
und höher klettern.
Watomi mochte sich anstrengen,
soviel er wollte.
Er konnte nichts so gut wie Matoya.
Watomi wollte nicht immer
der kleine Bruder sein,
der still sein mußte
und nichts so gut konnte
wie der große Bruder.

Einmal ging Matoya auf
die Büffeljagd.
Watomi wollte auch jagen gehen.
Aber als ein Büffel daherkam,
fürchtete sich Watomi.
Der Büffel stampfte die Erde
mit den Hufen und schnaubte
und senkte den Kopf
mit den Hörnern.
Der Büffel war groß,
und Watomi war klein.
Watomi warf Pfeil und Bogen fort
und rannte, so schnell er konnte.

Der Büffel rannte ihm nach.
Watomi konnte gerade noch
auf einen Baum klettern.
Und wie er oben saß,
kam Matoya auf Schwarzfleck
angeritten.
»Watomi, kleiner Bruder!« lachte er,
»willst du Büffel jagen?
Damit warte nur, bis du
so groß bist wie ich!«
Matoya spannte den Bogen
und schoß den Büffel tot.
Abends aßen alle Büffelbraten,
der Vater, die Mutter,
die ganz kleine Schwester,
der Großvater und die Großmutter
und der große Bruder.
Nur Watomi wollte keinen
Büffelbraten essen.

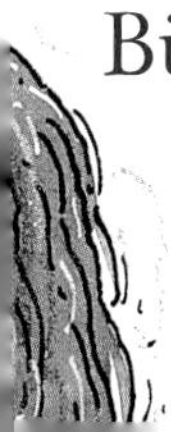

Am nächsten Tag ging
Matoya in den Wald
und holte Honigwaben
von den wilden Bienen.
Watomi ging auch in den Wald.
Er guckte in alle hohlen Bäume,
bis er endlich einen fand,
in dem Bienen ihre Waben
gebaut hatten.
Er nahm einen dicken Stock
und stocherte in das Loch
und wollte die Bienen vertreiben.
Die Bienen kamen zornig
aus dem hohlen Baum geflogen.
Sie stachen ihn in Arme und Beine
und überall hin,
wo man nur stechen kann.
Eine Biene stach ihn in die Nase,
und das tat am ärgsten weh.

Watomi rannte, so schnell
er konnte.
Matoya kam aus dem Wald
mit einem Sack voll Honigwaben.
»Spring in den Fluß, kleiner Bruder!«
rief er.

Watomi sprang in den Fluß
und tauchte unter.
Die Bienen summten und brummten
und flogen wieder zurück
zu ihrem hohlen Baum.
Watomi kletterte ans Ufer.
Seine Nase war doppelt
so groß wie sonst.
Eine Nase, die doppelt so groß ist,
eine Bienenstich-Nase, ist für alle,
die sie nicht haben, sehr lustig.
Nur nicht für den,
der sie selbst hat.
Matoya lachte.
Als er genug gelacht hatte,
sagte er: »Watomi, kleiner Bruder,
willst du Honig holen?
Damit warte nur,
bis du so groß bist wie ich.«

Watomi lief heim.
Die Mutter hatte keine Zeit
für ihn, weil sie eine Decke nähte.
Die Großmutter hatte keine Zeit
für ihn, weil sie neben dem Feuer
ein Schläfchen machen wollte.

Watomi ging zum Großvater.
Und weil der Großvater
nur Pfeife rauchte
und sonst nichts tat,
merkte er sofort,
daß Watomi Kummer hatte.
Er strich ihm Bärenfett
auf die geschwollene Nase,
damit sie nicht mehr weh tat.
Und als Watomi
seinen Kummer erzählt hatte,
dachte der Großvater nach
und sagte: »Jeder möchte
gerne groß sein.
Aber manchmal ist es besser,
wenn man klein ist.«
Watomi dachte,
so etwas kann nur jemand sagen,
der selbst groß ist und nicht klein.

Watomi ging fort, weit fort,
setzte sich hinter einen Busch
und hatte noch immer Kummer.
Da kam ein Wagen dahergerumpelt,
auf dem saßen zwei fremde Männer.
Die hatten schwarze Bärte
und trugen große Hüte
und sahen überhaupt ganz anders aus.

Watomi guckte
hinter dem Busch hervor.
Er war froh,
daß der Busch groß
und er selbst klein war.
Hinter dem Wagen,
an einen Strick angebunden,
lief ein weißes Pferd,
das hatte einen schwarzen Fleck
auf der Stirn.
Watomi schaute,
kniff die Augen zu
und schaute noch einmal
und wollte es nicht glauben.
Es war Schwarzfleck.
Die fremden Männer hatten
Schwarzfleck gestohlen.
Der Wagen fuhr
an dem Busch vorbei.

Watomi sprang heimlich hinten auf.
Auf dem Wagen
waren Kisten und Säcke
und ein leeres Faß.
Watomi kroch hinein.
Er war froh,
daß das Faß groß
und er selbst klein war.

Sie fuhren lange.
Als es dunkel wurde,
hielten die Männer an.
Sie setzten sich an ein Feuer,
aßen und legten sich dann schlafen.
Watomi schlüpfte aus dem Faß
und kletterte vom Wagen.
Schwarzfleck schnaubte leise
und stupste ihn
mit seiner weichen Pferdenase.
Watomi band den Strick los.
Er schlich leise
mit Schwarzfleck davon.

Als es Morgen wurde
und die Sonne aufging,
kamen Watomi
und Schwarzfleck heim.
Matoya kam ihnen entgegen.
Matoya freute sich sehr,
daß Schwarzfleck wieder da war.
Aber noch mehr freute er sich,
daß Watomi wieder da war.
Auch der Vater und die Mutter,
der Großvater und die Großmutter
und die ganz kleine Schwester
freuten sich sehr.

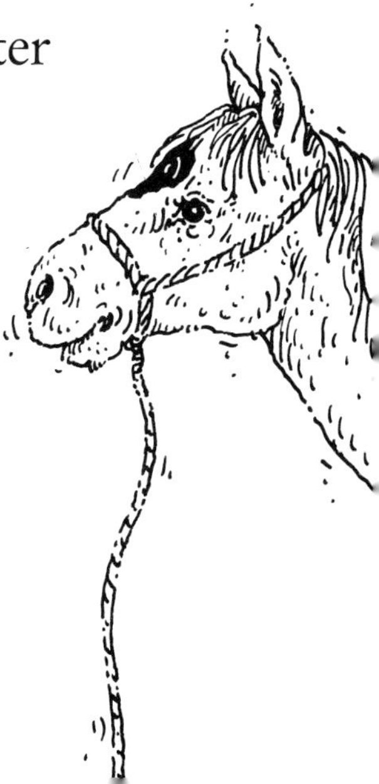

Die Mutter brachte Büffelbraten.
Watomi aß Büffelbraten,
bis er keinen Bissen
mehr hinunterbrachte.
Matoya brachte Bienenwaben,
und Watomi schleckte Honig,
bis er keinen Honig mehr
schlecken konnte.
Dann erzählte er seine Geschichte,
und alle hörten ihm zu.